. PREFÁCIO .

- - - - X

Este livro tem como principal objetivo fornecer aos leitores um conhecimento abrangente e detalhado sobre os principais conceitos do mercado Forex, como funcionam as corretoras, quais são os principais participantes do mercado, estratégias de investimento e gerenciamento de risco.

A ideia é fornecer informações sobre a estrutura do mercado, suas principais características, as contas e corretoras disponíveis, bem como os principais termos técnicos e conceitos utilizados no mercado Forex.

Além disso, serão abordados os principais tipos de negociações, ordens e regulamentações do mercado Forex, e o impacto dos eventos econômicos no mercado Forex e a importância da análise técnica, fundamentalista e quantitativa para melhor compreensão do assunto.

Também serão mencionados os principais riscos e vantagens do mercado Forex, bem como as regras de horários, principais bolsas que compõem o mercado e seus impactos para os participantes.

Sendo assim, este livro é indicado tanto para iniciantes no mercado Forex quanto para aqueles que já possuem algum conhecimento e desejam aprofundar seus estudos sobre este mercado.

. SINOPSE .

- - - - X

Decifrando os Segredos do Forex é um livro que oferece uma visão profunda e completa sobre o mercado Forex, também conhecido como mercado de câmbio.

O autor adota uma abordagem técnica e direta, abrangendo desde a definição básica do Forex até conceitos mais avançados.

O livro começa com uma introdução ao mercado Forex, explicando sua importância como o maior e mais líquido mercado financeiro do mundo.

Em seguida, são apresentados conceitos fundamentais, como análise quantitativa e tipos de contas em corretoras Forex.

Os diferentes tipos de negociações e ordens também são discutidos, juntamente com as principais regulamentações que governam o mercado.

O autor explora as diferentes corretoras que compõem o mercado Forex, destacando suas características e diferenças.

Termos técnicos importantes, como hedge, swap, slippage, margem e alavancagem são explicados em detalhes para fornecer aos leitores um entendimento completo desses conceitos.

Além disso, o livro aborda regras de horários e principais bolsas que compõem o mercado Forex.

Os principais eventos econômicos 3 estrelas do calendário econômico são discutidos em relação aos seus impactos no mercado.

Os riscos associados ao mercado Forex também são explorados no livro, juntamente com as vantagens e benefícios desse tipo de investimento.

O autor espera que este livro seja útil para aqueles que desejam ampliar seus conhecimentos sobre o mercado Forex e aproveitar as oportunidades que ele oferece.

Em resumo, *Decifrando os Segredos do Forex* fornece uma visão abrangente e detalhada do mercado Forex, desde conceitos básicos até tópicos mais avançados.

É um recurso valioso para investidores que desejam entender melhor esse mercado e aproveitar suas oportunidades.

"

O conhecimento é a chave para o sucesso em qualquer coisa na vida, incluindo o mercado forex

- Kathy Lien

"

. SOBRE O AUTOR .

- - - - X

Este livro foi escrito por **Walter Wolseley**, um profissional com anos de experiência no mercado Forex.

Além de ser Especialista em Telecomunicações Aeronáuticas, é programador, estrategista e fundador da empresa brasileira Skytrader Tecnologia e Softwares.

Seu perfil oficial no Instagram é:

@WALTER_ROBOS

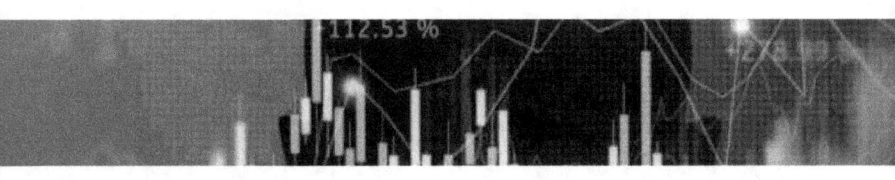

. BREVE INTRODUÇÃO .

- - - - X

O mercado de câmbio, mais conhecido como Forex, é um dos maiores mercados financeiros do mundo, com um volume diário de negociação de mais de $5 trilhões de dólares.

Ele é responsável pela negociação de moedas de diferentes países, proporcionando oportunidades de investimento para pessoas físicas e jurídicas em todo o mundo.

O Forex é um mercado altamente dinâmico e volátil, com a possibilidade de alta rentabilidade, mas também com riscos significativos.

Este livro tem como objetivo fornecer uma visão detalhada sobre o mercado Forex, incluindo análises quantitativas, tipos de contas em corretoras Forex, tipos de negociações, tipos de ordens, principais regulamentações, tipos de corretoras que compõem o mercado, principais termos técnicos, regras de horários, principais bolsas que compõem o mercado e suas implicações para os participantes, principais eventos do calendário econômico e seus impactos no mercado, além de apresentar os principais riscos e vantagens/benefícios desse mercado.

Seu conteúdo é voltado para investidores e traders que desejam se aprofundar no mercado Forex e aprender como obter sucesso nesse mercado altamente competitivo.

. SUMÁRIO .

- - - - X

. BREVE INTRODUÇÃO SOBRE CADA CAPÍTULO .

- - - - X

No Capítulo 1, abordaremos a visão geral do mercado Forex, explicando o que é o Forex, como funciona, como negociar, os tipos de contas e ordens, a história do mercado Forex e a execução de ordens.

No Capítulo 2, discutiremos os participantes do mercado Forex, incluindo bancos centrais, instituições financeiras, empresas multinacionais, investidores de varejo, hedge funds, gestores de fundos, traders profissionais, corretoras de valores e fundos soberanos.

No Capítulo 3, falaremos sobre os pares de moedas, explicando os principais tipos de pares, como os major pairs, minor pairs, exotic pairs e cross pairs. Também abordaremos conceitos importantes, como moeda base, moeda de cotação, spread, pips e bid/ask.

No Capítulo 4, discutiremos as corretoras Forex, explicando o que são, os tipos de corretoras (ECN, STP e Market Maker), como escolher uma corretora Forex e as principais regulamentações internacionais.

No Capítulo 5, abordaremos os tipos de contas Forex, incluindo os tipos de contas real, conta islâmica, conta swap-free, conta PAMM, conta MAM e copy trading.

No Capítulo 6, falaremos sobre as principais plataformas de negociação, como Metatrader 4, Metatrader 5 e CTrader.

No Capítulo 7, discutiremos a análise técnica, fundamentalista e quantitativa, explicando as diferenças e semelhanças entre elas.

No Capítulo 8, abordaremos o algotrading, explicando o que é, suas vantagens e desvantagens, e como funciona a programação, análise de dados, automação de estratégias, machine learning, backtesting e testes de robustez.

No Capítulo 9, discutiremos as principais estratégias de investimento, incluindo swing trading, day trading, scalping, position trading, buy and hold, trading algorítmico, tape reading, arbitragem e hedging.

No Capítulo 10, falaremos sobre o gerenciamento de risco, explicando conceitos importantes como alavancagem, margem, nível de margem, hedge, stop-out e margin-call.

No Capítulo 11, abordaremos os horários de negociação no Forex, explicando as regras de horários e as principais bolsas que compõem o mercado.

No Capítulo 12, vamos abordar os eventos econômicos que têm maior impacto no mercado Forex e como esses eventos podem afetar as cotações das moedas, explicando o calendário econômico e os principais eventos 3 estrelas.

No capítulo 13, vamos abordar os principais riscos e vantagens do mercado Forex, para que o investidor saiba os riscos envolvidos em investir nesse mercado, bem como as vantagens e benefícios que podem ser obtidos.

No capítulo 14, vamos listar os principais termos técnicos utilizados no mercado Forex, pois é importante que o investidor conheça tais termos antes de se aventurar.

. CAPÍTULO 1: VISÃO GERAL DO MERCADO FOREX .

- - - - X

1.1 O que é Forex?

Imagine-se planejando uma viagem aos Estados Unidos. Você precisa trocar sua moeda local por dólares americanos.

O mercado Forex funciona como uma gigantesca casa de câmbio global, onde moedas são compradas e vendidas.

Este mercado opera 24 horas por dia, cinco dias por semana, permitindo a participação de investidores em todo o mundo.

O volume diário de transações ultrapassa trilhões de dólares, tornando-o o maior mercado financeiro do planeta.

Vamos supor que você esteja planejando sua viagem e decida trocar seus euros por dólares.

Nesse caso, você está participando do mercado Forex em uma escala menor.

No Forex, os participantes não trocam moedas fisicamente, mas sim especulam sobre as variações de preço das moedas.

Os traders compram e vendem pares de moedas, como EUR/USD ou USD/JPY, prevendo se o valor de uma moeda vai aumentar ou diminuir em relação à outra.

O Forex é descentralizado e utiliza uma rede global de bancos, instituições financeiras, empresas e traders individuais.

As transações ocorrem eletronicamente através de plataformas online.

As cotações das moedas são influenciadas por diversos fatores, como taxas de juros, indicadores econômicos e eventos geopolíticos.

1.2 Como funciona o Forex?

O funcionamento do Forex é baseado na troca de moedas entre os participantes.

Os traders especulam sobre as mudanças nas taxas de câmbio, comprando e vendendo pares de moedas.

A principal ideia é lucrar com as flutuações dos preços.

Vamos considerar um trader que acredita que o euro se valorizará em relação ao dólar. Ele compra o par EUR/USD.

Ao comprar o par, o trader está adquirindo euros e vendendo dólares. Se sua previsão estiver correta e o euro se valorizar, ele vende o par a um preço mais alto, obtendo lucro.

Cada par de moedas possui uma moeda base e uma moeda de cotação, indicando quanto da moeda de cotação é necessário para comprar uma unidade da moeda base.

O preço dos pares é determinado pela oferta e demanda, refletindo as condições do mercado.

1.3 Como negociar no Forex?

Negociar no Forex envolve a compra ou venda de pares de moedas através de corretoras online. Antes de começar, é essencial entender alguns conceitos.

Ao negociar um par de moedas, você realiza duas operações simultâneas: compra uma moeda e vende outra.

Se você acredita que o valor da moeda base aumentará em relação à moeda de cotação, você compra o par (posição longa). Se acredita que a moeda base diminuirá de valor, você vende o par (posição curta).

Por exemplo, se você escolher o par EUR/USD, está comprando euros e vendendo dólares ou vice-versa. A decisão de comprar ou vender depende da sua análise do mercado.

Vamos imaginar que você está observando o par GBP/USD.

Se você acredita que a libra esterlina (GBP) se valorizará em relação ao dólar (USD), você compra o par.

Se acredita que a libra irá se desvalorizar, você busca vender o par.

1.4 Tipos de contas em corretoras de Forex

Ao ingressar no Forex, é necessário abrir uma conta com uma corretora.

Existem vários tipos de contas, cada uma adaptada às necessidades e experiências dos traders.

Conta Demo: Ideal para iniciantes. Permite praticar negociações sem arriscar dinheiro real.

Conta Real: Para operar com dinheiro real. É necessário depositar fundos na conta antes de começar a negociar.

Conta Islâmica: Livre de juros e adequada para traders muçulmanos, seguindo os princípios da lei islâmica.

Conta Swap-Free: Sem taxas de swap, adequada para traders que desejam evitar o pagamento ou recebimento de juros.

Conta PAMM (Percent Allocation Management Module): Investidores podem alocar fundos para contas gerenciadas por traders experientes.

Conta MAM (Multi-Account Manager): Semelhante à PAMM, mas com mais opções de alocação e gerenciamento de fundos.

Conta Copy Trading: Permite copiar automaticamente as negociações de traders mais experientes.

1.5 Tipos de negociações

Existem diferentes estilos de negociação no Forex, cada um com suas características.

Day Trading: Abertura e fechamento de operações no mesmo dia.

Swing Trading: Posições mantidas por vários dias, aproveitando as oscilações do mercado.

Position Trading: Negociações de longo prazo, podendo durar semanas, meses ou até anos.

Scalping: Operações muito curtas, visando pequenos movimentos de preço.

1.6 Tipos de ordens

Ao negociar no Forex, é possível utilizar vários tipos de ordens para gerenciar posições.

Ordem a Mercado: Executada imediatamente ao preço de mercado atual.

Ordem Pendente: Instrução para abrir uma posição quando o preço atinge um nível predeterminado.

Stop Loss: Define um limite de perda para proteger contra movimentos adversos de mercado.

Take Profit: Determina um nível de lucro desejado para fechar automaticamente uma posição.

1.7 Funcionamento

O Forex opera em sessões de mercado, cobrindo diferentes fusos horários globais.

As principais são Tóquio, Londres e Nova York.

O mercado funciona 24 horas por dia, de segunda a sexta-feira, permitindo flexibilidade aos traders.

As cotações de moedas são expressas em pares, indicando o valor de uma moeda em relação à outra.

Por exemplo, no par EUR/USD, o valor do euro é comparado ao dólar.

1.8 História do mercado Forex

O mercado Forex tem uma história fascinante.

Inicialmente, as taxas de câmbio eram determinadas pelo padrão ouro.

Após a Segunda Guerra Mundial, o Acordo de Bretton Woods estabeleceu um sistema de taxas de câmbio fixas.

Entretanto, em 1971, o sistema foi abandonado, dando origem ao mercado Forex moderno.

Desde então, avanços tecnológicos transformaram o Forex em um mercado acessível a traders individuais.

Com o grandioso aumento da conectividade e do desenvolvimento de diversas plataformas online, a participação de investidores se tornou cada vez mais fácil e mais popular em todo o mundo.

1.9 Execução de ordens

A execução de ordens é crucial no Forex.

Dois tipos principais são: Market-Makers (criadores de mercado) e ECN/STP (Redes de Comunicação Eletrônica/Processamento Direto).

Market-Makers fornecem liquidez, enquanto ECN/STP conectam traders diretamente ao mercado interbancário.

Entender a execução de ordens é vital para o sucesso no Forex.

Isso influencia a velocidade de transação e a eficiência da negociação.

Escolher a corretora certa, considerando o tipo de execução de ordens, é fundamental para uma experiência de negociação bem-sucedida.

. CAPÍTULO 2: PARTICIPANTES DO MERCADO FOREX .

- - - - X

2.1 Bancos centrais

Imagine que você é um banco central, como o Federal Reserve nos Estados Unidos ou o Banco Central Europeu na União Europeia.

Sua função principal é controlar a política monetária do seu país ou região, emitindo e regulando a oferta de moeda.

Isso significa intervir no mercado cambial para estabilizar a economia e manter a inflação sob controle.

No cenário mundial do Forex, os bancos centrais desempenham um papel crucial. Eles são responsáveis por definir taxas de juros, intervir no mercado para controlar a oferta de moeda e manter a estabilidade econômica.

As decisões dessas instituições têm um impacto significativo nas taxas de câmbio e na volatilidade do mercado.

Essas instituições utilizam uma variedade de ferramentas, como operações de mercado aberto, mudanças nas taxas de juros e intervenções diretas no mercado cambial.

Suas políticas são comunicadas por meio de comunicados à imprensa, discursos de autoridades e decisões de política monetária.

Para entender melhor, imagine um banco central ajustando as taxas de juros para controlar a inflação, influenciando indiretamente as taxas de câmbio.

2.2 Instituições financeiras

Considere agora o papel das instituições financeiras, como bancos de investimento ou corretoras, no mercado Forex.

Essas entidades atuam como intermediárias entre os participantes do mercado, facilitando a execução de ordens de compra e venda de moedas.

Imagine-se trabalhando em uma instituição financeira, onde você é responsável por intermediar transações no mercado Forex em nome de clientes institucionais e de varejo.

Sua função é fornecer liquidez ao mercado e garantir que as ordens dos clientes sejam executadas de maneira eficiente.

As instituições financeiras operam em diversos segmentos do mercado Forex, incluindo operações proprietárias, negociação de clientes e participação em redes de comunicação eletrônica (ECNs) para acesso direto ao mercado interbancário.

Elas utilizam tecnologia avançada e algoritmos de negociação para executar ordens de forma eficiente e obter vantagens competitivas.

Pense nisso como um ambiente sofisticado, onde instituições financeiras utilizam algoritmos complexos para realizar transações em frações de segundo.

2.3 Empresas multinacionais

Agora, imagine uma empresa multinacional que realiza negócios em diferentes países e moedas.

Essa empresa enfrenta riscos cambiais devido à volatilidade das taxas de câmbio, o que pode impactar seus custos, receitas e lucros.

Para proteger-se, ela utiliza instrumentos financeiros, como contratos a termo e opções, para cobertura cambial.

Como uma empresa multinacional, você está constantemente envolvido em transações comerciais e financeiras em diferentes moedas.

Os riscos cambiais são uma realidade, mas estratégias de hedge cambial ajudam a gerenciar esses riscos.

Isso inclui o uso de contratos a termo para garantir uma taxa de câmbio fixa em transações futuras e opções de câmbio para proteção contra movimentos desfavoráveis nas taxas.

Empresas multinacionais empregam uma variedade de instrumentos financeiros para proteger seus fluxos de caixa e reduzir a exposição ao risco cambial.

Além dos mencionados contratos a termo e opções de câmbio, elas podem utilizar swaps de moeda e outros derivativos financeiros.

Estratégias cuidadosamente elaboradas permitem que essas empresas enfrentem a complexidade do mercado Forex.

2.4 Investidores de Varejo

Agora, coloque-se na pele de um investidor individual, o chamado investidor de varejo, que deseja participar do mercado Forex.

Esse investidor pode ser alguém como você, buscando oportunidades de lucro negociando moedas de forma especulativa.

Acesso a plataformas de negociação online e contas oferecidas por corretoras Forex permite que investidores de varejo participem ativamente do mercado.

Ao explorar o mercado Forex como investidor de varejo, você terá à sua disposição uma variedade de pares de moedas, podendo escolher aqueles que se alinham às suas estratégias e análises.

Imagine-se analisando gráficos de preços, utilizando indicadores técnicos e desenvolvendo estratégias para aproveitar movimentos cambiais em busca de ganhos financeiros.

Investidores de varejo utilizam diferentes estilos de negociação, como o day trading, swing trading e até mesmo a estratégia de buy and hold, dependendo de seus objetivos e tolerância ao risco.

Eles realizam transações por meio de plataformas online, onde podem abrir e fechar posições de forma rápida e eficiente.

Pode-se imaginar um investidor de varejo ajustando ordens stop-loss para gerenciar riscos e definindo metas de lucro para maximizar ganhos.

2.5 Hedge Funds

Agora, adentre o mundo dos hedge funds, que são fundos de investimento privados que buscam retornos elevados por meio de diversas estratégias, incluindo operações no mercado Forex.

Como gestor de um hedge fund, você tem o desafio de aplicar estratégias sofisticadas para superar o mercado e proporcionar retornos excepcionais aos investidores.

Hedge funds adotam uma abordagem diversificada, explorando oportunidades em diferentes classes de ativos, incluindo moedas.

Como gestor, você pode empregar técnicas como arbitragem, negociação algorítmica e outras estratégias avançadas para obter vantagens no mercado Forex.

Pode-se imaginar um hedge fund usando modelos matemáticos complexos para identificar padrões de mercado e executar negociações de alta frequência.

Esses fundos têm a flexibilidade de explorar cenários de mercado e adotar posições longas ou curtas em diferentes moedas.

A dinâmica do mercado Forex oferece um terreno fértil para a implementação de estratégias de hedge funds, que buscam retornos robustos mesmo em condições voláteis.

2.6 Gestores de Fundos

Como gestor de fundos, sua responsabilidade é administrar fundos de investimento e garantir retornos positivos aos investidores.

Isso envolve tomar decisões estratégicas sobre alocação de ativos, selecionar pares de moedas e ajustar a carteira para otimizar os resultados.

Imaginem-se na posição de gestor de fundos, analisando indicadores econômicos, avaliando cenários globais e tomando decisões embasadas para alcançar metas de desempenho.

A habilidade de navegar pelo mercado Forex com habilidade é crucial para gestores de fundos, que empregam análises fundamentais e técnicas em sua abordagem.

Esses profissionais devem ser capazes de entender as complexidades do mercado cambial, interpretar eventos econômicos globais e antecipar movimentos nas taxas de câmbio.

Estratégias de curto, médio e longo prazo são empregadas para criar portfólios equilibrados e alinhados aos objetivos dos fundos que gerenciam.

2.7 Traders Profissionais

Entre na pele de um trader profissional, alguém que dedica seu tempo integral ao mercado Forex, executando ordens e buscando oportunidades de negociação.

Esses traders têm conhecimento aprofundado do mercado, utilizam análises técnicas e fundamentais, e buscam constantemente aprimorar suas estratégias para obter lucros consistentes.

Como trader profissional, você está imerso em uma rotina dinâmica, acompanhando notícias econômicas, analisando gráficos, identificando padrões de preços e executando ordens com precisão.

Pode-se imaginar um trader profissional utilizando ferramentas avançadas, como algoritmos de negociação e softwares especializados, para ganhar vantagem no mercado.

Esses traders enfrentam desafios diários, gerenciam riscos com cautela e buscam aprimorar suas habilidades constantemente.

A experiência e conhecimento acumulados ao longo do tempo permitem que eles tomem decisões rápidas e eficientes em um ambiente de mercado em constante mudança.

2.8 Corretoras de Valores

Agora, imagine-se no papel de uma corretora de valores, que atua como intermediária entre os participantes do mercado e oferece plataformas de negociação para acesso ao Forex.

Como corretora, você fornece uma infraestrutura sólida para que investidores, sejam institucionais ou de varejo, possam participar ativamente do mercado.

Sua função envolve oferecer uma variedade de pares de moedas, garantir execução eficiente de ordens e fornecer informações de mercado em tempo real.

Imagine corretoras oferecendo tecnologias avançadas, como plataformas de negociação intuitivas, análises de mercado e suporte especializado, para atrair e atender traders de diferentes perfis.

As corretoras também desempenham um papel crucial na educação financeira, fornecendo recursos educacionais, webinars e análises de mercado para ajudar os clientes a tomar decisões informadas.

A competição entre as corretoras é intensa, com cada uma buscando inovação e diferenciação para atrair e reter clientes em um mercado dinâmico.

2.9 Fundos Soberanos

Por fim, coloque-se na posição de um fundo soberano, que é uma entidade de propriedade estatal responsável por administrar reservas financeiras e ativos em nome de um país.

Estes fundos utilizam o mercado Forex como parte de sua estratégia de investimento, buscando preservar e fazer crescer o capital do país.

Como gestor de um fundo soberano, você deve equilibrar a necessidade de preservar o capital do país com a busca por retornos significativos.

Isso envolve tomar decisões estratégicas sobre alocação de ativos, diversificação de investimentos e gestão de riscos cambiais.
Imagine-se analisando cenários econômicos globais, avaliando o impacto nas taxas de câmbio e ajustando as posições do fundo.

Esses fundos têm um papel importante na estabilização econômica e são frequentemente usados para investir em ativos estrangeiros, incluindo moedas estrangeiras.

O desafio está em gerenciar o portfólio de forma a proteger contra volatilidades do mercado, garantindo ao mesmo tempo retornos sustentáveis a longo prazo para o país que representam.

2.10 Mesas Proprietárias

Mesas proprietárias é uma empresa especializada em disponibilizar recursos financeiros próprios ou da instituição à qual estão associados a traders profissionais para que estes realizem operações e partilhem dos resultados, desde que o trader passe por uma série de avaliações e critérios bem rigorosos para ser aprovado.

Essas mesas são frequentemente vinculadas a corretoras ou instituições financeiras, desempenhando um papel essencial na dinâmica do mercado.

De forma prática, considere uma mesa proprietária como uma equipe de elite em uma competição.

Cada trader é um atleta financeiro habilidoso, utilizando estratégias específicas para negociar os fundos da instituição.

Semelhante a uma equipe esportiva, buscam o aprimoramento contínuo para maximizar o desempenho financeiro da mesa.

As mesas proprietárias são peças-chave na estrutura do mercado Forex.

Diferentemente de traders independentes ou institucionais, essas mesas operam com recursos próprios, muitas vezes empregando estratégias mais avançadas e de longo prazo.

Sua atuação contribui diretamente para a liquidez e eficiência do mercado.

As mesas proprietárias empregam análises detalhadas, incluindo análise técnica e fundamental, para fundamentar suas decisões de negociação.

Utilizam estratégias avançadas sempre buscando oportunidades de lucro.

O gerenciamento de risco é crucial, e essas mesas aplicam técnicas sofisticadas para proteger seus investimentos.

A relevância das mesas proprietárias no mercado Forex é incontestável.

Sua atuação influencia diretamente a formação de preços, contribuindo para a liquidez do mercado.

Além disso, ao adotarem estratégias mais complexas, essas mesas moldam a dinâmica geral do Forex.

A regulamentação é essencial para garantir a transparência e integridade nas operações das mesas proprietárias.

Estão sujeitas a diretrizes específicas para promover um ambiente de negociação seguro.

Enfrentam desafios decorrentes da volatilidade do mercado, mudanças nas condições econômicas e a necessidade constante de se adaptar para manter a eficácia.

. CAPÍTULO 3: PARES DE MOEDAS .

- - - - X

3.1 Major Pairs

Imagine-se agora analisando os principais pares de moedas do mercado Forex, conhecidos como major pairs.

Esses pares representam as moedas mais negociadas e líquidas do mundo, formando a base das transações cambiais globais.

Como exemplo prático, considere o par EUR/USD, que representa a taxa de câmbio entre o euro e o dólar dos Estados Unidos.

Este par é amplamente negociado e possui alta liquidez, tornando-se uma escolha popular entre os traders devido à sua estabilidade e volume de negociação.

Na explicação, podemos entender que os "major pairs" incluem os pares de moedas mais influentes e amplamente reconhecidos, como EUR/USD, USD/JPY, GBP/USD, USD/CHF, AUD/USD, USD/CAD e NZD/USD.

Esses pares são frequentemente negociados por investidores institucionais, bancos centrais e traders individuais devido à sua alta liquidez e volatilidade moderada.

Já nas especificações técnicas, podemos analisar as características individuais de cada par, como spreads típicos, volatilidade histórica e correlações com outros ativos.

Por exemplo, o par EUR/USD tende a ter spreads mais estreitos e é frequentemente influenciado por eventos econômicos na zona do euro e nos Estados Unidos.

Essas nuances técnicas são essenciais para os traders que buscam maximizar seus ganhos e gerenciar seus riscos ao negociar os "major pairs".

3.2 Minor Pairs

Vamos explorar agora os minor pairs, que consistem em pares de moedas que não incluem o dólar americano.

Ao contrário dos "major pairs", esses pares podem envolver outras moedas importantes como o euro, libra esterlina, iene japonês, entre outras.

Para um exemplo prático, considere o par EUR/GBP, que representa a taxa de câmbio entre o euro e a libra esterlina.

Este par é um exemplo de "minor pair" e é uma escolha frequente para traders que desejam diversificar suas estratégias de negociação, especialmente quando há eventos significativos afetando a zona do euro e o Reino Unido.

Explicando de forma acessível, os "minor pairs" oferecem oportunidades para aqueles que buscam explorar movimentos cambiais entre duas moedas específicas, excluindo o dólar americano.

Outros exemplos incluem EUR/AUD, GBP/JPY e NZD/CAD, cada um representando a taxa de câmbio entre suas respectivas moedas.

Quanto às especificações técnicas, é crucial entender as características únicas de cada "minor pair".

Cada par terá suas próprias dinâmicas de mercado, spreads, e correlações específicas que os traders precisam considerar ao desenvolver estratégias.

Por exemplo, o par AUD/NZD pode ser influenciado por eventos econômicos na Austrália e Nova Zelândia, oferecendo oportunidades únicas de negociação e riscos associados.

3.3 Exotic Pairs

Agora, adentramos o emocionante mundo dos "exotic pairs", pares que consistem em uma moeda principal e uma moeda de uma economia menor ou emergente.

Esses pares geralmente envolvem moedas de países com mercados financeiros menos desenvolvidos ou com maior volatilidade econômica.

Exemplificando, considere o par USD/TRY (dólar americano/lira turca). Aqui, o dólar americano representa a moeda principal, enquanto a lira turca é a moeda exótica.

Este é apenas um exemplo, pois outros "exotic pairs" incluem moedas como o USD/SEK (dólar americano/coroa sueca) e o nosso USD/BRL (dólar americano/real brasileiro).

De forma acessível, os "exotic pairs" são como aventuras emocionantes no mercado Forex.

Eles oferecem oportunidades únicas, mas também apresentam riscos elevados devido à sua natureza menos previsível.
Para entender esses pares, os traders precisam considerar os fatores econômicos e políticos dos países envolvidos.

Em termos técnicos, os "exotic pairs" podem ter spreads mais amplos e menor liquidez em comparação com os majors e minors.

Isso significa que a execução de ordens pode ser mais desafiadora, e os movimentos de preços podem ser abruptos.

Os traders que exploram esses pares geralmente têm uma compreensão aprofundada dos fundamentos econômicos dos países envolvidos.

3.4 Cross Pairs

Os "cross pairs", ou pares cruzados, não incluem o dólar americano em sua composição.

Em vez disso, eles consistem em outras moedas principais negociadas entre si.

Esses pares proporcionam uma visão mais direta da relação entre duas economias, sem a influência do dólar.

Para ilustrar, o par EUR/GBP é um "cross pair", representando a taxa de câmbio entre o euro e a libra esterlina.
Se estivermos considerando o AUD/JPY, isso reflete a relação entre o dólar australiano e o iene japonês.

Os "cross pairs" proporcionam oportunidades únicas de negociação, especialmente quando eventos econômicos afetam diretamente as moedas envolvidas.

De maneira mais acessível, os cross pairs são como conexões diretas entre diferentes moedas, permitindo que os traders explorem as dinâmicas entre essas economias específicas.

Ao contrário dos "major pairs", onde o dólar pode ter um impacto dominante, os "cross pairs" oferecem uma perspectiva mais isolada das forças do mercado.

Em termos técnicos, os traders precisam considerar a correlação entre as moedas no "cross pair", compreender os fatores econômicos de ambos os países e estar cientes de que os spreads podem variar em comparação com os "major pairs".

A negociação de "cross pairs" exige uma análise detalhada e uma compreensão das nuances envolvidas.

3.5 Moeda Base

Entender o conceito de moeda base é essencial no Forex.

A moeda base é a primeira moeda listada em um par de moedas e desempenha um papel crucial na determinação do valor do par.

Geralmente, ela representa a unidade de medida para a outra moeda do par.

Vamos exemplificar. No par EUR/USD, o euro é a moeda base.

Isso significa que você está medindo o valor do euro em termos do dólar americano.

Se o par tem uma cotação de 1,20, significa que um euro vale 1,20 dólares americanos.

Em uma linguagem mais simples, a moeda base é como a vara de medição em uma corrida.

Ajuda a estabelecer o valor de outra moeda no mercado.

Se os traders acreditam que a moeda base se fortalecerá em relação à moeda de cotação, eles podem comprar o par, esperando lucrar com essa valorização.

Do ponto de vista técnico, compreender a moeda base envolve estar atento às condições econômicas do país que emite essa moeda.

Indicadores econômicos, taxas de juros e eventos políticos podem influenciar significativamente a força da moeda base em um par.

3.6 Moeda de Cotação

A moeda de cotação é a segunda moeda em um par de moedas e representa o valor dessa moeda em relação à moeda base.

Enquanto a moeda base é a unidade de medida, a moeda de cotação é o que está sendo medido.

Continuemos com o exemplo EUR/USD. Aqui, o dólar americano é a moeda de cotação.

Se o par tem uma cotação de 1,20, significa que um euro vale 1,20 dólares americanos.

Se os traders preveem que o dólar se fortalecerá em relação ao euro, podem vender o par, esperando lucrar com essa mudança de valor.

Em termos mais leigos, a moeda de cotação é como a mercadoria na corrida.

Se a vara de medição (moeda base) permanece fixa, os traders estão observando como a mercadoria (moeda de cotação) se comporta em relação a ela.

Do ponto de vista técnico, a moeda de cotação pode ser afetada por diferentes fatores do que a moeda base.

Os traders precisam considerar a saúde econômica do país emissor da moeda, bem como eventos e indicadores específicos que influenciam sua valorização ou desvalorização.

3.7 Spread

O spread é um conceito fundamental no mercado Forex e representa a diferença entre os preços de compra (bid) e venda (ask) de um par de moedas.

De forma simples, é o custo de entrar em uma negociação e varia conforme a liquidez e popularidade do par.

Imagine que você está visitando uma casa de câmbio para trocar sua moeda por outra antes de uma viagem.

O vendedor da casa de câmbio oferece um preço mais baixo para comprar sua moeda e um preço mais alto para vender a moeda desejada.

A diferença entre esses dois preços é o spread, que representa a margem de lucro da casa de câmbio.

No Forex, o spread é expresso em pips (a menor variação possível no preço).

Pares de moedas populares, como o EUR/USD, geralmente têm spreads menores devido à alta liquidez.

Por outro lado, pares menos negociados podem ter spreads mais altos.

No âmbito técnico, o spread é crucial para traders, pois afeta diretamente o custo de uma negociação.

Entender como os spreads variam entre diferentes corretoras e em condições de mercado diferentes é essencial para tomar decisões informadas.

3.8 Pips

O pip, ou ponto percentual, é uma unidade de medida no mercado Forex que indica a menor variação possível nos preços das moedas.

Para a maioria dos pares, um pip é equivalente a 0,0001.

No entanto, em pares que envolvem o iene japonês, um pip é 0,01 devido à sua menor valorização.

Vamos tornar isso mais tangível. Se o EUR/USD se moveu de 1,3000 para 1,3001, ele aumentou em um pip. Para pares com o iene japonês, como o USD/JPY, uma mudança de 110,50 para 110,51 é um pip.

Na prática, os pips são uma medida de mudança de preço e são cruciais para calcular ganhos ou perdas em uma negociação.

Entender como os pips se relacionam com o tamanho da posição (volume da negociação) é vital para uma gestão de risco eficaz no Forex.

Aqui no Brasil, o "pip" é popularmente chamado de "ponto", ou seja, é a unidade de variação do preço do ativo.

Por exemplo, um pip/ponto de uma ação é 0,01 pois é a unidade de variação deste ativo. No caso do WIN (índice futuro), um pip/ponto é 1.

3.9 Tick

Ao explorar o mercado Forex, você inevitavelmente encontrará o termo "tick".
Embora possa parecer uma palavra simples, seu significado é essencial para entender a dinâmica das negociações.

Imagine um ticker de câmbio entre o par de moedas EUR/USD.

Cada movimento mínimo no preço, seja para cima ou para baixo, representa um tick.

Portanto, se o preço passar de 1.3000 para 1.3001, esse é um tick de movimento ascendente.

O tick se refere à menor variação de preço possível em um ativo financeiro, ou seja, representa a menor mudança no preço.

Fazendo um gancho com o mercado brasileiro, uma ação tem o tick igual ao pip, que é de 0,01, pois é a variação mínima do preço (R$0,01).

Já considerando o WIN (índice futuro), o tick é de 5 pontos, quanto o pip/ponto é de 1 ponto, ou seja, apesar do preço ser inteiro, ele se movimenta de 5 em 5 pontos. De maneira prática, imagine o preço atual em 129.200, então ele só poderá ir para 129.205 ou 129.195.

A observação dos ticks é crucial para os traders, pois cada movimento é significativo para a análise técnica e a execução de estratégias.

A contagem de ticks é frequentemente usada para medir a volatilidade do mercado.

Por exemplo, se um mercado está se movendo rapidamente, a frequência de ticks pode aumentar, indicando uma maior atividade e volatilidade.

Entender a importância do tick pode ser valioso para os traders ao analisar padrões de preço e tomar decisões informadas.

3.10 Bid/Ask

O Bid/Ask representa os preços de compra (bid) e venda (ask) em um par de moedas.

O bid é o preço pelo qual os traders podem vender uma moeda, enquanto o ask é o preço pelo qual podem comprá-la.

Deixe-me explicar de uma forma mais prática. Ao visitar uma casa de câmbio, você notará que ela oferece dois preços para cada par de moedas.

O preço mais alto é para comprar a moeda desejada (ask), e o preço mais baixo é para vender a moeda de volta (bid).

No Forex, o bid e o ask são fundamentais para a execução de negociações.

O spread, que mencionamos anteriormente, é a diferença entre esses dois preços.

Os traders sempre compram a um preço mais alto e vendem a um preço mais baixo, devido ao spread.

No cenário técnico, entender como o bid/ask se move é crucial para a análise de mercado e a execução eficiente de ordens.

A liquidez, volatilidade e outros fatores influenciam esses preços, e os traders precisam estar cientes de suas variações para tomar decisões informadas.

3.11 Símbolos CFDs (Contratos por Diferença)

Ao analisar o mercado Forex, você pode encontrar a sigla CFD, representando Contratos por Diferença.

Imagine que você tem interesse em negociar um CFD com o par de moedas EUR/USD.

Nesse caso, você está especulando sobre a diferença de preço entre o momento de abertura e fechamento da posição, sem realmente possuir os ativos subjacentes.

Os CFDs são instrumentos financeiros derivativos que permitem que os traders especulem sobre os movimentos de preços de vários ativos, como pares de moedas, commodities, índices e ações, sem a necessidade de possuir os ativos subjacentes.

No contexto do mercado Forex, os CFDs oferecem flexibilidade, permitindo que os traders capitalizem tanto em movimentos de alta quanto de baixa.

Os Contratos por Diferença funcionam com base na diferença entre os preços de abertura e fechamento de uma posição. Os traders podem alavancar suas posições, amplificando os ganhos (ou as perdas).

No entanto, é crucial entender os riscos associados à alavancagem e gerenciar adequadamente o capital para proteger o investimento.

Além disso, a regulamentação e as condições contratuais variam entre corretoras, exigindo atenção aos detalhes ao negociar CFDs no mercado Forex.

3.12 Criptomoedas e sua Codificação no Mercado

Suponha que você deseje investir em Bitcoin, uma das criptomoedas mais conhecidas.
O símbolo associado pode ser 'BTC/USD', indicando a taxa de câmbio entre Bitcoin e Dólar Americano.

As criptomoedas, como Bitcoin e Ethereum, tornaram-se ativos populares no mercado Forex.

Seus símbolos refletem a taxa de câmbio em relação a outras moedas tradicionais.

Compreender esses símbolos é crucial para aqueles que desejam participar da negociação de criptomoedas.

Os símbolos de criptomoedas geralmente seguem uma lógica específica, incluindo a abreviação da criptomoeda e sua relação com uma moeda fiduciária, como 'ETH/USD'.

A interpretação precisa desses símbolos é fundamental para uma negociação eficiente e informada.

. CAPÍTULO 4: CORRETORAS FOREX .

- - - - X

O universo das corretoras Forex é central para a participação nos mercados de câmbio.

Vamos explorar alguns elementos essenciais relacionados a elas.

4.1 O que são Corretoras Forex?

Corretoras Forex são entidades intermediárias que possibilitam a negociação de moedas estrangeiras no mercado Forex.

Em termos simples, elas conectam os traders ao mercado interbancário e funcionam como uma casa de câmbio virtual, onde as moedas são negociadas.

De maneira mais prática, imagine que você deseja participar do mercado Forex, assim como você escolhe um banco para lidar com suas transações financeiras diárias.

As corretoras oferecem uma plataforma online para você acessar e realizar suas negociações.

4.2 Tipos de Corretoras: ECN, STP e Market Maker

Existem diferentes tipos de corretoras Forex, cada uma com sua abordagem única para a execução de ordens.

ECN (Electronic Communication Network): Uma corretora ECN conecta diretamente os traders ao mercado interbancário. Ela oferece um ambiente de negociação mais transparente, com os próprios traders correspondendo às ordens entre si.

STP (Straight Through Processing): Corretoras STP encaminham as ordens dos traders diretamente aos provedores de liquidez, como bancos. Isso reduz a intervenção humana e agiliza a execução das ordens.

Market Maker: Corretoras Market Makers criam um mercado interno para seus traders. Elas atuam como contraparte nas negociações, o que pode levar a conflitos de interesse. No entanto, oferecem liquidez instantânea e spreads geralmente mais baixos.

4.3 Como escolher uma Corretora Forex?

Escolher a corretora certa é crucial para o sucesso no Forex. Aqui estão alguns pontos práticos a considerar:

Regulamentação

Opte por corretoras regulamentadas por autoridades financeiras confiáveis.

Isso oferece uma camada extra de segurança para seus fundos. As regulamentações internacionais visam garantir a integridade e a segurança das operações Forex.

Tecnicamente, órgãos reguladores, como a Comissão de Valores Mobiliários (CVM) ou a Financial Conduct Authority (FCA), impõem padrões rigorosos para as corretoras.

Os traders devem priorizar corretoras regulamentadas para proteger seus fundos.

Custos

Avalie os custos envolvidos, incluindo spreads, comissões e taxas de financiamento.

Escolher uma corretora com custos competitivos pode impactar significativamente seus resultados a longo prazo.

Plataformas de Negociação

Verifique se a corretora oferece plataformas de negociação eficientes e se estas atendem às suas necessidades.

O MetaTrader é uma das plataformas mais utilizadas mundialmente.

Suporte ao Cliente

Um suporte eficaz pode ser crucial.

Pratique entrar em contato com o suporte para avaliar a qualidade antes de comprometer seu capital.

No âmbito técnico, entender os diferentes modelos de corretoras e considerar fatores como execução de ordens, spreads e regulamentação é vital para escolher uma corretora alinhada com suas metas no Forex.

. CAPÍTULO 5: TIPOS DE CONTAS FOREX .

- - - - X

Adentramos no universo das contas Forex, vislumbrando uma chave para o mercado e considerando as nuances técnicas que auxiliam na escolha do tipo de conta mais alinhado às estratégias dos traders.

5.1 Tipos de Contas Real

Ao abrir uma conta real, o trader está dando um passo significativo para operar no mercado Forex.

É como obter a chave que desbloqueia as portas do mercado financeiro.

Imagine a conta real como um simulacro do mercado real, onde suas ações têm repercussões tangíveis.

A conta real é a essência da participação ativa no mercado Forex.

Ela permite que os traders realizem transações com dinheiro real, experimentando ganhos e perdas reais.

Esta prática autêntica é crucial para desenvolver habilidades e estratégias eficazes.

Tecnicamente, uma conta real é vinculada à execução de operações no mercado real.

Cada transação é processada no ambiente de mercado ao vivo, proporcionando uma experiência genuína.

A conta real é conectada diretamente à liquidez do mercado por meio da corretora.

5.3 Conta Islâmica

Considere a conta islâmica, também conhecida como swap-free, como um ambiente inclusivo para traders muçulmanos.

Nela, evita-se o pagamento ou recebimento de juros, alinhando-se aos princípios islâmicos.

A conta islâmica é projetada para cumprir as regras da lei islâmica, tornando-a adequada para traders que desejam seguir preceitos específicos, como a proibição de juros (riba).

É uma prática que oferece uma alternativa ética para participação no mercado Forex.

Tecnicamente, a conta islâmica opera sem swaps, eliminando transações que envolvam juros.

Essa característica é alcançada por meio de ajustes nas condições de negociação, proporcionando uma experiência livre de interesse.

5.4 Conta Swap-Free

Imagine uma conta onde o tempo não é um obstáculo.

A conta swap-free é como uma ponte que permite a travessia sem as amarras dos swaps overnight.

A conta swap-free, na prática, é uma escolha que beneficia traders que buscam evitar custos associados a swaps overnight.

Isso se traduz em liberdade para manter posições abertas sem se preocupar com taxas para manter as operações de um dia para o outro.

Tecnicamente, essa conta opera sem swaps. Ela isenta o trader do pagamento ou recebimento dessas taxas, independentemente do tempo que uma posição permanecer aberta.

Essa especificidade faz dela uma escolha estratégica para determinados estilos de negociação.

5.5 Conta PAMM

A conta PAMM é como uma orquestra financeira, onde um maestro (o trader) conduz, e os investidores apreciam o concerto de lucros.

Imagine um palco financeiro onde o sucesso é compartilhado.

De maneira mais direta, a conta PAMM é como um Fundo de Investimentos, ou seja, permite que traders profissionais gerenciem fundos de investidores e os resultados são partilhados proporcionalmente à cota de cada um.

Em vez de uma experiência solitária, os investidores participam de um esforço conjunto, compartilhando os resultados.

Isso abre oportunidades para investidores que desejam beneficiar dos conhecimentos de traders especializados.

Tecnicamente, o Percent Allocation Management Module (PAMM) distribui automaticamente lucros e perdas entre os investidores, proporcionalmente às suas participações na conta.

Essa funcionalidade é implementada por meio de uma tecnologia específica que garante uma alocação justa dos resultados.

5.6 Conta MAM

Considere a conta MAM como um centro de operações, onde um único estrategista (o trader) conduz várias frentes simultaneamente.

A conta MAM é a escolha para traders que gerenciam diversas contas simultaneamente.

Imagine uma tela de controle que permite executar operações em várias frentes, mantendo o controle centralizado.

Tecnicamente, a conta MAM facilita a execução de ordens em várias contas conectadas a ela.

Isso é realizado de forma eficiente, permitindo que o trader gerencie posições, ajuste estratégias e mantenha a coerência nas operações.

5.7 Copy Trading

Imagine seguir os passos de um guia experiente durante uma jornada.

O copy trading é como caminhar na trilha do sucesso, acompanhando as pegadas de um mestre.

O copy trading, na prática, permite que investidores espelhem as negociações de traders mais experientes. Em vez de iniciar a jornada do zero, os investidores podem seguir estratégias comprovadas para alcançar seus objetivos financeiros.

Tecnicamente, o copy trading é viabilizado por meio de plataformas e sistemas que reproduzem automaticamente as negociações de um trader principal em contas de seguidores.

Isso envolve a sincronização eficiente de operações, garantindo que as decisões do trader principal sejam replicadas com precisão.

Ao compreender tanto os aspectos práticos quanto as nuances técnicas, os traders podem escolher a conta que melhor atenda às suas necessidades e objetivos no dinâmico mercado Forex.

Essa compreensão aprimorada impulsiona a tomada de decisões informadas e a maximização das oportunidades de negociação.

. CAPÍTULO 6: PRINCIPAIS PLATAFORMAS DE NEGOCIAÇÃO .

- - - - X

Entramos no capítulo dedicado às plataformas de negociação, as ferramentas essenciais que proporcionam acesso ao universo do Forex.

Exploraremos as características fundamentais das principais plataformas, capacitando os traders com o conhecimento necessário para escolher a mais alinhada às suas estratégias.

6.1 Metatrader 4

Imagine uma tela que serve como a janela principal para o Forex, repleta de ferramentas intuitivas e recursos avançados.

O Metatrader 4 é como esse ambiente, oferecendo uma experiência de negociação abrangente.

Na prática, o Metatrader 4 é uma plataforma que se destaca por sua interface amigável e poderosas funcionalidades.

É a escolha de muitos traders devido à sua versatilidade e facilidade de uso.

Com uma variedade de indicadores técnicos e ferramentas de análise, o MT4 se torna a "estação de trabalho" ideal para explorar oportunidades no Forex.

Tecnicamente, o Metatrader 4 é uma plataforma de negociação que utiliza a linguagem de programação MQL4.

Ela oferece execução de ordens de maneira rápida e uma ampla gama de recursos, desde gráficos avançados até a automatização de estratégias de negociação por meio de Expert Advisors.

6.2 Metatrader 5

Dando continuidade à família Metatrader, surge o Metatrader 5, elevando as possibilidades de negociação a um novo patamar.

O Metatrader 5 é uma evolução natural de seu antecessor, proporcionando funcionalidades adicionais e aprimoradas.

Com essa plataforma, os traders têm acesso a uma variedade expandida de instrumentos financeiros, indo além do Forex. Commodities e ações são incorporadas, oferecendo uma diversificação ainda maior.

Tecnicamente, o Metatrader 5 utiliza a linguagem de programação MQL5 e aprimora a execução de ordens, gráficos e indicadores.

Essa plataforma oferece uma experiência de negociação mais abrangente para aqueles que buscam diversificação em seus portfólios.

6.3 CTrader

Visualize uma interface limpa e intuitiva, projetada para atender às demandas de traders avançados.

Essa é a essência da plataforma CTrader, uma alternativa inovadora no cenário das plataformas de negociação.

O CTrader se destaca por sua interface de usuário amigável e recursos avançados de análise de mercado.

Projetado para atender às necessidades de traders experientes, ele oferece uma visão clara do mercado e execução eficiente de ordens.
Tecnicamente, o CTrader utiliza a linguagem de programação C#, proporcionando velocidade e eficiência na execução de ordens.

Sua estrutura modular permite uma personalização flexível, atendendo às preferências individuais de traders que buscam uma experiência de negociação única.

Ao entender as nuances técnicas e as características práticas de cada plataforma, os traders podem selecionar aquela que melhor se alinha às suas estratégias e preferências, capacitando-os a explorar oportunidades no mercado Forex com confiança e eficácia.

. CAPÍTULO 7: ANÁLISES E ESTRATÉGIAS DE NEGOCIAÇÃO

.

- - - - X

Adentrando ao complexo mundo das análises e estratégias de negociação, este capítulo fornecerá uma compreensão aprofundada das abordagens técnica, fundamentalista e quantitativa, armando os traders com as ferramentas necessárias para tomar decisões informadas.

7.1 Análise Técnica

Imagine a habilidade de prever o futuro analisando padrões passados.

A análise técnica oferece essa capacidade ao examinar dados históricos para identificar tendências e oportunidades de mercado.

Na prática, a análise técnica envolve o estudo de gráficos de preços e indicadores técnicos.

Ao compreender padrões, como cabeça e ombros ou bandeiras, os traders podem antecipar movimentos futuros.

Utilizando ferramentas como médias móveis e bandas de Bollinger, é possível avaliar a força do mercado e identificar pontos de entrada e saída.

Tecnicamente, a análise técnica utiliza indicadores e osciladores matemáticos para quantificar o movimento dos preços.

A interpretação desses indicadores é crucial, e os traders técnicos se aprimoram na arte de "ler" os gráficos para tomar decisões informadas.

7.2 Análise Fundamentalista

Enquanto a análise técnica olha para o passado, a análise fundamentalista direciona o olhar para o presente e futuro.

Imagine desvendar os elementos econômicos que movem os mercados, antecipando os próximos passos com base em eventos globais.

Na prática, a análise fundamentalista envolve a avaliação de fatores macroeconômicos, como taxas de juros, indicadores de emprego e decisões políticas.

Ao entender como esses fatores influenciam as moedas, os traders podem fazer previsões fundamentadas.

Tecnicamente, a análise fundamentalista requer uma compreensão profunda de indicadores econômicos e uma visão crítica das notícias globais.

Os traders fundamentais mantêm-se informados sobre eventos econômicos e políticos, buscando interpretar como esses eventos impactarão o cenário financeiro.

7.3 Análise Quantitativa

Imagine incorporar a precisão da matemática e estatística à tomada de decisões de negociação.

A análise quantitativa, muitas vezes conhecida como trading algorítmico, oferece essa abordagem, utilizando modelos matemáticos e estatísticos para identificar oportunidades.

Na prática, a análise quantitativa envolve a criação de algoritmos de negociação.

Algoritmos podem analisar grandes conjuntos de dados em milissegundos, identificando padrões e executando automaticamente operações.

Tecnicamente, a análise quantitativa exige habilidades em programação e estatística.

A implementação bem-sucedida de estratégias quantitativas requer uma compreensão profunda da matemática por trás dos modelos e a capacidade de programar algoritmos eficientes.

7.4 Principais Diferenças e Semelhanças

Ao mergulhar nas três abordagens, percebemos que cada uma tem suas nuances e vantagens.

A análise técnica destaca-se pela agilidade na identificação de padrões visuais, enquanto a análise fundamentalista fornece uma compreensão mais ampla do contexto econômico.

A análise quantitativa, por sua vez, busca a precisão matemática na execução de estratégias.

Entender as diferenças e semelhanças entre essas abordagens permite que os traders construam estratégias híbridas, combinando o melhor de cada disciplina para tomadas de decisões mais robustas e eficazes nos mercados financeiros.

. CAPÍTULO 8: ALGOTRADING .
- - - - X

Neste capítulo, exploraremos o emocionante mundo do algotrading, revelando como os traders automatizam suas estratégias.

8.1 O que é Algotrading?

Imagine um exército de algoritmos trabalhando incansavelmente para executar operações no mercado, sem intervenção humana.

Isso é algotrading: a automação de estratégias de negociação por meio de algoritmos computacionais.

Na prática, o algotrading envolve o desenvolvimento e a implementação de algoritmos que podem analisar dados de mercado, identificar oportunidades e executar operações automaticamente.

Os traders podem criar algoritmos baseados em análise técnica, fundamentalista ou quantitativa, conforme suas preferências e estratégias.

Tecnicamente, o algotrading requer habilidades em programação, estatística e finanças.

Os traders devem ser capazes de traduzir suas estratégias de negociação em algoritmos eficazes e testá-los extensivamente para garantir sua robustez e desempenho.

8.2 Vantagens do Algotrading

Imagine ter a capacidade de executar operações com velocidade e precisão inigualáveis.

Essa é uma das principais vantagens do algotrading, juntamente com a capacidade de eliminar o viés emocional das decisões de negociação.

Na prática, o algotrading permite que os traders aproveitem oportunidades de mercado em frações de segundo, algo impossível de ser alcançado manualmente.

Além disso, os algoritmos de negociação são consistentes e disciplinados, executando as estratégias conforme programado, sem sucumbir ao medo ou ganância.

Tecnicamente, o algotrading oferece benefícios em termos de eficiência operacional e escalabilidade.

Os algoritmos podem processar grandes volumes de dados em tempo real e executar operações em múltiplos mercados simultaneamente, proporcionando uma vantagem competitiva significativa aos traders.

8.3 Desvantagens do Algotrading

Apesar de suas vantagens, o algotrading também apresenta desafios e limitações.

Imagine confiar em um algoritmo com falhas ou desempenho inadequado.

Essa é uma das principais desvantagens do algotrading, juntamente com a necessidade de monitoramento constante e ajustes regulares.

Na prática, os algoritmos de negociação estão sujeitos a falhas técnicas, erros de programação e condições de mercado inesperadas.

Além disso, os traders podem enfrentar dificuldades na criação e otimização de algoritmos eficazes, exigindo habilidades avançadas em programação e análise de dados.

Tecnicamente, o algotrading requer uma compreensão profunda de tecnologia e finanças, bem como a capacidade de desenvolver e manter sistemas de negociação complexos.

Os traders devem estar preparados para lidar com desafios técnicos e operacionais ao implementar estratégias de algotrading.

8.4 Dados Relevantes sobre Uso de Algotrading pelos Grandes Fundos

Imagine os maiores fundos de investimento do mundo aproveitando o poder do algotrading para maximizar seus retornos.

Na prática, muitos dos principais fundos utilizam algoritmos de negociação para executar operações de maneira eficiente e lucrativa.

Tecnicamente, os grandes fundos de investimento têm equipes dedicadas de cientistas de dados, programadores e traders trabalhando em conjunto para desenvolver e otimizar estratégias de algotrading.

Eles investem pesadamente em infraestrutura tecnológica e dados de mercado de alta qualidade para garantir o sucesso de suas operações.

Ao compreender os benefícios e desafios do algotrading, os traders podem tomar decisões informadas sobre como incorporar essa abordagem em suas próprias estratégias de negociação, aproveitando ao máximo as oportunidades oferecidas pela automação e análise de dados.

8.5 Programação

Imagine traduzir estratégias de negociação complexas em linguagem de computador.

Isso é programação no contexto do algotrading. Na prática, a habilidade de programação é essencial para transformar conceitos de negociação em algoritmos executáveis.

Na linguagem dos computadores, os traders precisam ser proficientes em linguagens de programação como MQL, Python ou outras, dependendo das plataformas de negociação escolhidas.

Programação envolve a criação, teste e otimização de algoritmos para garantir sua eficácia e desempenho.

Tecnicamente, os traders programadores se tornam arquitetos de suas estratégias de negociação.

Eles codificam algoritmos capazes de interpretar dados de mercado, tomar decisões e executar operações automaticamente.

A programação eficaz é crucial para o sucesso do algotrading.

8.6 Análise de Dados

Imagine processar vastos conjuntos de dados de mercado para extrair insights valiosos.

Essa é a essência da análise de dados no contexto do algotrading.

Na prática, os traders precisam analisar dados históricos e em tempo real para informar o desenvolvimento e a otimização de algoritmos.

Na linguagem dos dados, os traders realizam análises estatísticas, identificam padrões de mercado e desenvolvem modelos preditivos.

A análise de dados é crucial para entender o comportamento passado e presente do mercado, fornecendo insights fundamentais para o sucesso do algotrading.

Tecnicamente, a análise de dados envolve o uso de ferramentas estatísticas, técnicas de machine learning e análise quantitativa.

Os traders devem ser capazes de interpretar gráficos complexos, reconhecer tendências e tomar decisões baseadas em dados para otimizar suas estratégias.

8.7 Automação de Estratégias

Imagine suas estratégias de negociação executando automaticamente sem intervenção manual.

A automação de estratégias é um dos pilares do algotrading, permitindo que os algoritmos executem operações conforme as condições de mercado predefinidas.

Na prática, os traders automatizam suas estratégias para garantir uma execução rápida e precisa.

Eles configuram parâmetros específicos nos algoritmos, como condições de entrada e saída, tamanhos de posição e gerenciamento de risco.

A automação de estratégias oferece eficiência e consistência às operações.

Tecnicamente, a automação de estratégias envolve a configuração de algoritmos para monitorar continuamente os mercados, interpretar dados em tempo real e executar operações.

Os traders precisam dominar as nuances da automação para garantir que suas estratégias sejam implementadas com precisão.

8.8 Machine Learning

Imagine algoritmos que aprendem e se adaptam automaticamente às condições de mercado.

Essa é a promessa do machine learning no algotrading.

Na prática, os traders exploram técnicas de machine learning para desenvolver algoritmos que podem melhorar continuamente com base em dados.

Na linguagem do aprendizado de máquina, os traders aplicam algoritmos capazes de identificar padrões complexos, reconhecer mudanças nas condições de mercado e ajustar suas estratégias automaticamente.

O machine learning oferece uma abordagem adaptativa e dinâmica ao algotrading.

Tecnicamente, o machine learning envolve o treinamento de algoritmos com conjuntos de dados históricos e a validação contínua de seu desempenho.

Os traders precisam entender os princípios do machine learning para aproveitar seu potencial na otimização de estratégias.

8.9 Backtesting

Imagine testar suas estratégias de negociação em dados históricos para avaliar seu desempenho passado.

Essa é a essência do backtesting no algotrading.

Na prática, os traders usam dados históricos para simular a execução de suas estratégias, avaliando como teriam se saído em condições passadas.

Na linguagem dos testes, o backtesting permite que os traders avaliem a viabilidade e a eficácia de suas estratégias antes de aplicá-las ao mercado em tempo real.

É uma etapa essencial para identificar pontos fortes e fracos e ajustar as estratégias conforme necessário.

Tecnicamente, o backtesting envolve a criação de algoritmos capazes de simular operações em dados históricos, considerando fatores como custos de transação e derrapagem.

Os traders precisam conduzir backtests rigorosos para garantir que suas estratégias sejam robustas e confiáveis.

8.10 Testes de Robustez

Imagine submeter suas estratégias a uma série de desafios para garantir que resistam a diversas condições de mercado.

Essa é a ideia por trás dos testes de robustez no algotrading.

Na prática, os traders realizam testes extensivos para verificar se suas estratégias são capazes de se adaptar e manter o desempenho sob diferentes cenários.

Na linguagem dos testes de robustez, os traders simulam condições de mercado voláteis, mudanças nas tendências e eventos imprevistos para avaliar a resiliência de suas estratégias.

Os testes de robustez garantem que as estratégias sejam confiáveis e capazes de enfrentar desafios adversos.

Tecnicamente, os testes de robustez envolvem a exposição das estratégias a uma variedade de condições de mercado, identificando pontos fracos e ajustando os algoritmos conforme necessário.

Os traders precisam garantir que suas estratégias sejam robustas o suficiente para resistir a diferentes cenários.

Ao compreender esses elementos do algotrading, os traders podem explorar estratégias automatizadas com confiança, compreendendo os desafios e benefícios associados à automação e gestão de riscos. O algotrading oferece uma abordagem dinâmica e inovadora para a negociação, proporcionando oportunidades únicas no mercado financeiro.

. CAPÍTULO 9: PRINCIPAIS ESTRATÉGIAS DE INVESTIMENTO .

- - - - X

9.1 Swing Trading

Imagine capturar movimentos de preço de curto prazo dentro de uma tendência estabelecida.

Essa é a essência do swing trading. Na prática, os traders buscam lucrar com oscilações de preço que ocorrem ao longo de dias, semanas ou meses, aproveitando as flutuações do mercado.

Na linguagem do swing trading, os traders identificam pontos de entrada e saída com base em análises técnicas e fundamentais.

Eles buscam oportunidades de negociação que ofereçam um alto potencial de lucro dentro de um período relativamente curto.

O swing trading oferece uma abordagem flexível e dinâmica para a negociação ativa.

Tecnicamente, o swing trading envolve a análise de padrões gráficos, indicadores técnicos e eventos fundamentais para identificar oportunidades de negociação.

Os traders precisam ser disciplinados e pacientes, aguardando o momento certo para entrar e sair de suas posições.

9.2 Day Trading

Imagine comprar e vender ativos financeiros dentro do mesmo dia, buscando lucrar com pequenos movimentos de preço.

Essa é a essência do day trading.

Na prática, os traders realizam múltiplas operações ao longo do dia, aproveitando as flutuações de curto prazo do mercado.

Na linguagem do day trading, os traders buscam oportunidades de negociação em gráficos de curto prazo, geralmente de minutos ou horas.

Eles se concentram em ativos altamente líquidos e voláteis, buscando lucrar com movimentos rápidos de preço. O day trading requer habilidades analíticas afiadas e decisões rápidas.

Tecnicamente, o day trading envolve o uso de ferramentas avançadas de análise técnica, como gráficos de carrapatos e indicadores de momentum.

Os traders precisam estar bem informados sobre os eventos do mercado e ser capazes de tomar decisões rápidas em ambientes de negociação de alta pressão.

9.3 Scalping

Imagine realizar um grande número de operações de curto prazo em busca de pequenos lucros em cada uma delas.

Essa é a essência do scalping.

Na prática, os traders buscam aproveitar os spreads de oferta e demanda e a liquidez do mercado para obter lucros rápidos e frequentes.

Na linguagem do scalping, os traders realizam operações em questão de segundos ou minutos, buscando capturar pequenos movimentos de preço.

Eles se concentram em ativos altamente líquidos e com baixa volatilidade, tentando lucrar com o fluxo contínuo de negociações.

O scalping exige habilidades rápidas e eficientes de execução.

Tecnicamente, o scalping envolve o uso de plataformas de negociação avançadas e conexões de alta velocidade com o mercado.

Os traders precisam ser capazes de analisar rapidamente os gráficos de preços e tomar decisões instantâneas de compra e venda para ter sucesso nessa estratégia.

9.4 Position Trading

Imagine manter posições abertas por semanas, meses ou até anos, aproveitando tendências de longo prazo nos mercados financeiros.

Essa é a essência do position trading.

Na prática, os traders buscam identificar e capitalizar em grandes movimentos de preço ao longo do tempo, baseando-se em análises fundamentais e técnicas.

Na linguagem do position trading, os traders buscam oportunidades em gráficos de longo prazo, como semanais ou mensais.

Eles se concentram em ativos com fortes fundamentos econômicos e tendências claras, mantendo posições abertas por períodos prolongados para capturar grandes movimentos de preço. O position trading exige paciência e disciplina.

Tecnicamente, o position trading envolve o uso de análises fundamentais detalhadas para identificar ativos subvalorizados ou sobrevalorizados.

Os traders também utilizam indicadores técnicos para confirmar tendências de longo prazo e determinar pontos ideais de entrada e saída.

Essa estratégia requer uma abordagem de investimento de longo prazo e resistência à volatilidade do mercado.

9.5 Buy and Hold

Imagine comprar ativos financeiros e mantê-los por um longo período, independentemente das flutuações de curto prazo do mercado.

Essa é a essência da estratégia buy and hold.

Na prática, os investidores adotam uma abordagem de longo prazo para o investimento, buscando construir riqueza ao longo do tempo por meio da valorização dos ativos.

Na linguagem do buy and hold, os investidores identificam ativos com fortes fundamentos e perspectivas de crescimento a longo prazo.

Eles compram esses ativos e mantêm suas posições, mesmo durante períodos de volatilidade ou declínios temporários do mercado.

O buy and hold exige uma visão de longo prazo e resiliência emocional.

Tecnicamente, o buy and hold envolve a seleção cuidadosa de ativos de qualidade e a diversificação da carteira para reduzir o risco.

Os investidores precisam ser capazes de ignorar a volatilidade de curto prazo do mercado e permanecer focados em seus objetivos financeiros de longo prazo.

Essa estratégia é adequada para investidores que procuram construir riqueza ao longo do tempo e estão dispostos a suportar flutuações temporárias no mercado.

9.6 Trading Algorítmico

Imagine usar algoritmos computacionais para automatizar a execução de ordens de compra e venda com base em regras pré-definidas.

Essa é a essência do trading algorítmico.

Na prática, os traders desenvolvem estratégias de negociação que são implementadas por sistemas automatizados, visando aproveitar oportunidades de mercado de forma eficiente e rápida.

Na linguagem do trading algorítmico, os traders programam algoritmos para analisar dados de mercado em tempo real e tomar decisões de negociação sem intervenção humana.

Esses algoritmos podem ser baseados em análises técnicas, fundamentais ou quantitativas, e são projetados para identificar padrões e tendências no mercado.

O trading algorítmico oferece uma maneira sistemática e disciplinada de operar nos mercados financeiros.

Tecnicamente, o trading algorítmico envolve o uso de linguagens de programação, como MQL, Python ou C++, para desenvolver e testar algoritmos de negociação.

Os traders precisam ter habilidades em programação, análise de dados e matemática financeira para projetar estratégias eficazes.

Além disso, eles devem realizar extensos testes de backtesting e otimização para garantir que seus algoritmos sejam robustos e lucrativos.

9.7 Tape Reading

Imagine analisar o fluxo de ordens de compra e venda em tempo real para obter insights sobre a direção do mercado. Essa é a essência do tape reading.

Na prática, os traders observam atentamente o fluxo de negociações e o volume de transações para identificar padrões e sinais de movimento de preço iminente.

Na linguagem do tape reading, os traders acompanham de perto o livro de ofertas e as transações de mercado para detectar mudanças na oferta e demanda.

Eles buscam padrões de comportamento de compra e venda que possam indicar a direção futura do mercado.

O tape reading é uma abordagem de curto prazo para a negociação que requer foco e rapidez de execução.

Tecnicamente, o tape reading envolve o uso de plataformas de negociação avançadas que fornecem acesso em tempo real ao fluxo de ordens do mercado.

Os traders precisam interpretar rapidamente as informações e tomar decisões instantâneas com base nos sinais observados.

O tape reading é uma habilidade que requer prática e experiência para ser dominada.

9.8 Arbitragem

Imagine tirar vantagem das diferenças de preço entre dois ativos ou mercados para obter lucros garantidos. Essa é a essência da arbitragem.

Na prática, os traders buscam oportunidades onde o mesmo ativo é negociado a preços diferentes em locais distintos, permitindo que eles comprem a um preço mais baixo e vendam a um preço mais alto simultaneamente.

Na linguagem da arbitragem, os traders identificam discrepâncias nos preços de ativos relacionados e executam negociações para explorar essas diferenças.

Isso pode envolver arbitragem de mercado, arbitragem de fusões e aquisições, arbitragem de risco e outras estratégias.

A arbitragem é uma forma eficiente de capitalizar oportunidades de mercado temporárias.

Tecnicamente, a arbitragem exige que os traders desenvolvam sistemas automatizados ou usem algoritmos para identificar rapidamente e executar negociações lucrativas.

A arbitragem de alta frequência é uma abordagem popular que visa explorar pequenas discrepâncias de preço em milissegundos.

Os traders precisam de acesso rápido ao mercado e infraestrutura avançada para ter sucesso na arbitragem.

9.9 Hedging

Imagine proteger seus investimentos contra movimentos adversos de mercado. Essa é a essência do hedging.

Na prática, os traders utilizam estratégias de hedge para reduzir o risco associado a posições existentes no mercado.

Isso é feito abrindo posições opostas que agem como uma proteção contra perdas potenciais.

Na linguagem do hedging, os traders buscam equilibrar seus portfólios para mitigar o impacto de eventos imprevisíveis no mercado.

Estratégias comuns incluem o uso de contratos futuros, opções e outros instrumentos derivativos para neutralizar o risco.

O hedging é uma abordagem defensiva que visa preservar o capital em condições voláteis de mercado.

Tecnicamente, o hedging requer uma compreensão profunda de instrumentos financeiros derivativos e a capacidade de avaliar efetivamente o risco em um portfólio.

Os traders precisam tomar decisões estratégicas sobre quais posições proteger e em que medida.

O hedging é uma habilidade valiosa para gestores de fundos e investidores institucionais.

. CAPÍTULO 10: GERENCIAMENTO DE RISCO .

- - - - X

Imagine navegar nas águas incertas do mercado financeiro com uma bússola confiável.

Essa é a analogia do gerenciamento de risco, uma prática essencial para qualquer trader ou investidor.

No cerne, o gerenciamento de risco envolve a adoção de estratégias para minimizar perdas potenciais e proteger o capital investido.

Ao mergulharmos no aspecto prático, imagine que você está prestes a realizar uma operação no mercado Forex.

Antes de agir, é crucial estabelecer limites claros, como o uso de ordens de stop-loss para definir o montante máximo que você está disposto a perder.

Essa prática cria uma rede de segurança, impedindo perdas descontroladas em cenários adversos.

A explicação técnica do gerenciamento de risco envolve a análise cuidadosa do tamanho das posições em relação ao capital total.

Estabelecer uma relação risco/recompensa é fundamental, indicando quanto você está arriscando em comparação com o potencial ganho.

Outros elementos, como o entendimento da alavancagem, são cruciais para proteger sua conta contra movimentos drásticos do mercado.

10.1 Alavancagem

A alavancagem é como uma espada de dois gumes no mundo do Forex.

De um lado, ela amplifica os lucros potenciais, permitindo que você controle uma posição maior do que seu capital.

Por outro lado, aumenta o risco, expondo você a perdas que podem exceder seu investimento inicial.

Vamos entender isso na prática.

Imagine que você deseja controlar uma posição de $100.000, mas só tem $1.000 em sua conta.

Com uma alavancagem de 100:1, você pode realizar essa operação.

Se o mercado se mover a seu favor, os lucros serão significativamente amplificados.

No entanto, se o movimento for contrário, suas perdas também serão intensificadas.

A explicação técnica envolve a compreensão da relação entre o valor da posição e o capital disponível na conta.

Uma alavancagem mais alta significa que você precisa de menos margem para controlar uma posição, mas também aumenta a exposição ao risco.

A gestão cuidadosa da alavancagem é crucial para evitar consequências financeiras desastrosas.

10.2 Margem

A margem é a chave que destrava a alavancagem no Forex.

Na prática, quando você abre uma posição, a corretora retira uma parte do seu capital e a reserva como garantia.

Isso permite que você controle uma posição maior do que seu saldo disponível.

Entender a margem é crucial para não exceder seus limites e enfrentar chamadas de margem.

Vamos explorar isso na prática.

Se você deseja controlar uma posição de $100.000 e a corretora requer uma margem de 1%, você precisa ter $1.000 em sua conta.

No entanto, vale ressaltar que uma margem baixa pode intensificar perdas se o mercado se mover contra você.

A explicação técnica da margem envolve a relação entre a margem usada e o saldo da conta.

Uma margem mais baixa permite uma maior alavancagem, mas também aumenta o risco de chamadas de margem.

Compreender como a margem afeta sua exposição é crucial para um gerenciamento de risco eficaz.

10.3 Nível de Margem

O nível de margem é um indicador crítico que monitora a saúde da sua conta de negociação.

Ele é calculado como a proporção entre o capital próprio e a margem utilizada.

Em termos práticos, o nível de margem abaixo de um determinado limite pode resultar em chamadas de margem, onde a corretora solicita que você deposite mais fundos para manter suas posições abertas.

Imagine que você tenha $10.000 em sua conta e utilize $1.000 de margem para abrir uma posição.

Se o nível de margem mínimo exigido pela corretora for 100%, sua conta estará no limite. Se o mercado se mover contra você, o nível de margem diminuirá, acionando alertas e chamadas de margem se atingir níveis perigosos.

Na explicação técnica, é crucial entender que o nível de margem é dinâmico e varia conforme suas posições abertas e o saldo da conta.

Manter o nível de margem acima dos limites mínimos é fundamental para evitar liquidações de posições e preservar seu capital.

10.4 Hedge

Hedging é uma estratégia avançada de gerenciamento de risco.

Na prática, ela envolve abrir posições opostas para proteger seu capital contra movimentos adversos do mercado.

Vamos considerar um exemplo prático para uma melhor compreensão.

Imagine que você possui uma posição de compra em um par de moedas, mas está preocupado com a volatilidade do mercado.

Para se proteger, você abre uma posição de venda no mesmo par.

Agora, se o mercado se mover para cima, seus ganhos na posição de compra serão compensados pelas perdas na posição de venda e vice-versa.

A explicação técnica do hedge envolve a compreensão das correlações entre ativos e como as posições opostas podem equilibrar o risco.

Implementar uma estratégia de hedge requer uma análise cuidadosa do mercado e a seleção adequada de instrumentos para proteger suas posições.

10.5 Stop-Out

Stop-out é um mecanismo de segurança em corretoras para evitar saldos negativos nas contas dos traders.

Na prática, se o nível de margem cair abaixo de um certo limite, a corretora automaticamente liquida as posições do trader para evitar dívidas.

Imagine que você possui várias posições abertas e o mercado se move contra você, reduzindo o nível de margem para um ponto crítico.

O stop-out entra em ação, liquidando automaticamente suas posições para evitar dívidas e preservar a integridade da sua conta.

A explicação técnica do stop-out envolve a configuração de um nível mínimo de margem pela corretora.

Quando atingido, a corretora inicia o processo de liquidação automática das posições.

Compreender esse mecanismo é vital para proteger sua conta contra saldos negativos.

10.6 Margin-Call

A chamada de margem (margin-call) é um alerta da corretora para informar que seu nível de margem está atingindo um ponto crítico e que você deve depositar mais fundos para manter suas posições abertas.

Na prática, se o mercado se mover contra suas posições e a margem utilizada se aproximar do limite, você receberá uma chamada de margem.

Isso indica que é hora de reconsiderar suas posições, depositar mais fundos ou reduzir o tamanho das posições.

A explicação técnica da chamada de margem envolve a compreensão dos níveis de margem definidos pela corretora e como reagir a esse alerta.

Ignorar uma chamada de margem pode resultar em stop-out e na liquidação automática de suas posições.

10.7 Tamanho de Posição

O tamanho da posição é uma parte fundamental do gerenciamento de risco.

Na prática, ele determina quanto de um ativo você está negociando em relação ao seu capital total. Vamos visualizar isso em um exemplo prático.

Suponha que você tenha $10.000 em sua conta e esteja disposto a arriscar 2% do seu capital em uma única operação.

Isso significa que o tamanho máximo da sua posição deve ser $200.

Controlar o tamanho da posição é crucial para garantir que uma única operação não tenha um impacto desproporcional em sua conta.

Na explicação técnica, o tamanho da posição é calculado com base no valor em dólar ou na quantidade de unidades do ativo.

Gerenciar adequadamente o tamanho da posição é uma habilidade vital para evitar perdas significativas e preservar o capital.

10.8 Volatilidade

A volatilidade é uma medida estatística da dispersão dos retornos de um ativo financeiro ao longo do tempo.

Em termos simples, ela indica a magnitude das flutuações de preços de um ativo em um determinado período.

Um exemplo prático pode ajudar a entender melhor.

Imagine que você está negociando um par de moeda altamente volátil, como o GBP/USD, durante um anúncio econômico importante. Durante o evento, o par pode experimentar movimentos bruscos devido à volatilidade aumentada.
Essas flutuações significativas de preços podem representar oportunidades de lucro, mas também aumentam o risco de perdas.

Na explicação técnica, a volatilidade é medida por indicadores como o desvio padrão dos retornos históricos do ativo.

Quanto maior a volatilidade, maior o risco associado ao ativo.

Os traders devem estar cientes da volatilidade dos ativos que estão negociando e ajustar suas estratégias de acordo.

10.9 Liquidez

A liquidez é a facilidade com que um ativo pode ser comprado ou vendido no mercado sem causar um impacto significativo no preço.

Ativos altamente líquidos têm muitos compradores e vendedores, enquanto ativos de baixa liquidez podem ter spreads mais amplos e movimentos de preços erráticos.

Por exemplo, um par de moeda popular como o EUR/USD é altamente líquido, com volumes de negociação significativos em todo o mundo.

Isso significa que os traders podem entrar e sair de posições rapidamente sem afetar muito o preço.

Por outro lado, ativos de baixa liquidez, como ações de pequenas empresas, podem ser mais difíceis de negociar e sujeitos a movimentos de preços imprevisíveis.

Na explicação técnica, a liquidez é medida pelo volume de negociação e pela profundidade do mercado.

Quanto maior o volume de negociação e a presença de compradores e vendedores, maior a liquidez do ativo.

Os traders geralmente preferem negociar ativos líquidos devido à facilidade de execução e à redução do risco de slippage.

. CAPÍTULO 11: HORÁRIOS DE NEGOCIAÇÃO NO FOREX .

- - - - X

11.1 Regras de Horários

O mercado Forex opera 24 horas por dia, cinco dias por semana, devido à sua natureza descentralizada e global.

No entanto, existem períodos de maior atividade e liquidez, quando várias sessões de mercado estão abertas simultaneamente.

Os principais horários de negociação são:

Sessão de Tóquio-Sydney
Abre às 00:00 GMT e fecha às 09:00 GMT.

Sessão de Londres
Abre às 08:00 GMT e fecha às 17:00 GMT.

Sessão de Nova York
Abre às 13:00 GMT e fecha às 22:00 GMT.

Durante os horários de sobreposição, como a sobreposição entre Londres e Nova York, a atividade de negociação tende a ser mais alta e os spreads podem ser mais apertados.

É importante estar ciente desses horários para aproveitar ao máximo as oportunidades de negociação.

11.2 Principais Bolsas que Compõem o Mercado

O mercado Forex é composto por uma série de centros financeiros em todo o mundo, com as principais bolsas incluindo:

Bolsa de Tóquio (TSE)
O centro financeiro do Japão, que opera durante a sessão asiática.

Bolsa de Londres (LSE)
Uma das maiores bolsas de valores do mundo, dominando a sessão europeia.

Bolsa de Nova York (NYSE)
A maior bolsa de valores do mundo por capitalização de mercado, liderando a sessão norte-americana.

Bolsa de Sydney (ASX)
O principal mercado de ações da Austrália, que contribui para a sessão asiática.

Essas bolsas desempenham um papel fundamental na determinação dos horários de negociação e na formação dos principais pares de moedas do mercado Forex.

. CAPÍTULO 12: EVENTOS ECONÔMICOS E IMPACTOS NO FOREX .

- - - - X

12.1 Calendário Econômico

O calendário econômico é uma ferramenta crucial para os traders do mercado Forex, pois fornece uma lista de eventos econômicos programados, como divulgações de dados de emprego, decisões de políticas monetárias e anúncios de indicadores econômicos.

Os eventos mais importantes são classificados com estrelas, indicando seu impacto potencial no mercado.

12.2 Principais Eventos 3 Estrelas

Os eventos econômicos classificados com três estrelas no calendário econômico são os mais importantes e podem causar alta volatilidade e grandes movimentos nos preços das moedas.

Alguns exemplos incluem:

Decisões de Taxa de Juros
Anúncios de alterações nas taxas de juros pelos bancos centrais.

Relatórios de Emprego (payroll)
Dados sobre a taxa de desemprego, folhas de pagamento não agrícolas e criação de empregos.

Indicadores de Inflação
Índices de preços ao consumidor (CPI) e índices de preços ao produtor (PPI).

Anúncios de PIB
Relatórios sobre o crescimento econômico de um país.

É essencial para os traders acompanharem o calendário econômico e estarem preparados para reagir a esses eventos, pois podem influenciar significativamente os mercados financeiros.

. CAPÍTULO 13: PRINCIPAIS RISCOS E VANTAGENS DO MERCADO FOREX

- - - - X

13.1 Principais Riscos

O mercado Forex oferece oportunidades lucrativas, mas também apresenta vários riscos, incluindo:

Risco de Mercado
Flutuações nos preços das moedas devido a eventos geopolíticos, econômicos e sociais.

Risco de Alavancagem
A alavancagem amplia os lucros, mas também aumenta as perdas potenciais.

Risco de Liquidez
Em períodos de baixa liquidez, os spreads podem se ampliar e a execução de ordens pode ser difícil.

Risco de Eventos Inesperados
Anúncios surpresa, desastres naturais e crises políticas podem causar movimentos inesperados no mercado.

13.2 Vantagens e Benefícios

Apesar dos riscos, o mercado Forex oferece várias vantagens, incluindo:

Alta Liquidez
O mercado é altamente líquido, proporcionando execução rápida de ordens.

Acesso 24/5 (24h/dia, 5 dias na semana)
Os traders podem participar a qualquer momento, já que o mercado está aberto 24 horas por dia durante a semana.

Variedade de Pares de Moedas
Uma ampla gama de pares de moedas oferece diversas oportunidades de negociação.

Ferramentas de Análise
Os traders têm acesso a várias ferramentas de análise técnica e fundamental para informar suas decisões.

. CAPÍTULO 14: GLOSSÁRIO COM OS PRINCIPAIS TERMOS TÉCNICOS .

- - - - X

14.1 Ask/Bid

Imagine que você está em uma loja de câmbio e deseja comprar euros.

O preço pelo qual você pode comprar os euros é chamado de "ask", enquanto o preço pelo qual você pode vender os euros é chamado de "bid".

No mercado Forex, o "ask" representa o preço pelo qual os traders estão dispostos a vender um determinado par de moedas, enquanto o "bid" representa o preço pelo qual estão dispostos a comprar.

A diferença entre os dois preços é conhecida como spread.

Os preços de ask e bid são cotados em tempo real e flutuam com base na oferta e na demanda no mercado.

Os traders geralmente buscam spreads mais estreitos, pois isso significa custos de negociação mais baixos.

14.2 Touro vs Urso

Imagine que você está em uma feira e vê dois animais representando o mercado financeiro: um touro e um urso.

O touro simboliza um mercado em alta, onde os preços estão subindo, enquanto o urso representa um mercado em baixa, onde os preços estão caindo.

No jargão do mercado financeiro, um "touro" é usado para descrever um mercado otimista, onde os investidores estão confiantes e esperam que os preços subam.

Por outro lado, um "urso" é usado para descrever um mercado pessimista, onde os investidores estão cautelosos e os preços estão em declínio.

A analogia do touro e do urso é amplamente utilizada pelos traders para descrever a direção do mercado.

Os touros tendem a ser agressivos e otimistas, enquanto os ursos são mais cautelosos e pessimistas.

Esses termos ajudam os traders a entender o sentimento do mercado e a tomar decisões de negociação informadas.

14.3 Broker

Imagine que você deseja investir no mercado Forex, mas não tem acesso direto a ele.

Você pode usar os serviços de um intermediário financeiro chamado "broker" para executar suas negociações.

Um "broker" é uma empresa ou indivíduo que atua como intermediário entre os traders e o mercado.

Eles facilitam a execução das ordens de compra e venda e oferecem uma variedade de serviços, como acesso à plataforma de negociação, análises de mercado e suporte ao cliente.

Os brokers podem operar em diferentes capacidades, como corretoras de valores, corretoras ECN (Electronic Communication Network) ou corretoras STP (Straight Through Processing).

Eles podem cobrar comissões, spreads ou uma combinação de ambos pelo serviço prestado aos traders.

A escolha de um broker adequado é crucial para o sucesso no mercado Forex.

14.4 Drawdown

Imagine que você está jogando um jogo de tabuleiro onde ganha e perde dinheiro.

Se, em algum momento, a quantidade de dinheiro que você perdeu atingir um ponto máximo, isso seria chamado de "drawdown".

O "drawdown" refere-se à redução do capital investido durante uma série de negociações perdedoras.

É uma medida de risco que indica a porcentagem máxima de perda em relação ao capital inicial.

Em termos técnicos, o drawdown é calculado como a diferença entre o ponto mais alto alcançado pelo patrimônio líquido e o ponto mais baixo após uma série de negociações.

Traders e investidores monitoram o drawdown para avaliar a saúde financeira de uma estratégia de negociação.

14.5 Swap

Imagine que você pegou um livro emprestado da biblioteca e precisa pagar uma pequena taxa por cada dia adicional que mantiver o livro além do prazo.

Essa taxa seria semelhante ao SWAP no Forex.

O SWAP, ou "rollover," é uma taxa paga ou recebida pelos traders por manterem posições abertas durante a noite.

Reflete as taxas de juros das moedas envolvidas.

Compreender o SWAP é essencial para traders que mantêm posições abertas por longos períodos, pois impacta nos custos e benefícios associados a essas posições.

O swap é calculado com base nas taxas de juros interbancárias das moedas envolvidas na negociação.

Pode variar dependendo das condições de mercado, como feriados ou eventos econômicos significativos.

14.6 Expert Advisor (robôs)

Imagine ter um assistente virtual que analisa o mercado e faz negociações automaticamente para você. Isso é o que chamamos de "Expert Advisor", EA ou popularmente: ROBÔS.

Um "Expert Advisor" é um programa de computador que segue uma estratégia pré-definida para negociar automaticamente no mercado financeiro, como o Forex.

Ele pode gerenciar negociações, emitir alertas e até mesmo fazer decisões de compra ou venda.

Os Expert Advisors são frequentemente codificados na linguagem de programação MQL (MetaQuotes Language) para serem usados nas plataformas de negociação MetaTrader.

Eles usam algoritmos e indicadores técnicos para executar as operações.

14.7 GAP

Imagine que o preço de um par de moedas fecha em um nível e, no dia seguinte, abre a uma taxa significativamente diferente.

Esse espaço é conhecido como "GAP".

O "GAP" no mercado Forex refere-se à diferença entre o preço de fechamento de um dia e o preço de abertura do dia seguinte.

Gaps podem ocorrer durante eventos importantes, como notícias surpreendentes, quando não há negociações entre os preços de fechamento e abertura.

Os Gaps são mais comuns durante a abertura do mercado após o fim de semana ou feriados, quando há um período prolongado sem negociações.

Eles podem ser classificados como "comum", "breakaway", "runaway" ou "exaustão", dependendo de sua formação.

14.8 Lot ou "contrato"

Se você fosse ao supermercado e comprasse 10 maçãs, um "lot" no mercado Forex é como comprar ou vender uma quantidade específica de moeda, sendo 10,000 unidades a medida padrão.

Um "Lot" é uma unidade de medida padronizada no mercado Forex.

Refere-se à quantidade de uma moeda que está sendo negociada.

O tamanho padrão de um lote é de 100,000 unidades, mas existem lotes menores, como o mini lot (10,000 unidades) e o micro lot (1,000 unidades).

A negociação por "lots" é uma parte essencial do Forex.

O tamanho do lote influencia diretamente o valor monetário de uma variação de preço.

Um lote padrão é geralmente representado como 1.0, enquanto um mini lot é 0.1 e um micro lot é 0.01.

14.9 Slippage ou Derrapagem

Imagine colocar uma ordem para comprar um par de moedas a um preço específico, mas, devido à alta volatilidade do mercado, você acaba comprando a um preço um pouco mais alto.

Isso é conhecido como "slippage".

"Slippage" ocorre quando há uma diferença entre o preço solicitado e o preço executado de uma ordem.

Isso pode acontecer durante períodos de volatilidade, principalmente quando os mercados estão se movendo rapidamente.

É mais comum em mercados altamente líquidos ou em condições de mercado instáveis

Ela pode ser tanto positiva (a favor do trader) quanto negativa (contra o trader), dependendo das circunstâncias.

14.10 Volatilidade

Se você estivesse planejando uma viagem e o preço do combustível para o seu carro mudasse significativamente de um dia para o outro, essa variação seria uma forma de volatilidade.

A volatilidade no mercado Forex refere-se à medida das flutuações de preços.

Pares de moedas com preços que mudam frequentemente e em grandes magnitudes são considerados mais voláteis.

A volatilidade é frequentemente expressa em termos percentuais e pode ser uma ferramenta valiosa para os traders, pois pares mais voláteis podem oferecer oportunidades de lucro, mas também trazem riscos mais elevados.

14.11 Drawdown

Se você estivesse acompanhando o desempenho de uma equipe de futebol e ela tivesse uma série de derrotas consecutivas, a redução no desempenho seria semelhante ao conceito de "drawdown".

"Drawdown" representa a redução de um investimento a partir do seu pico histórico.
No Forex, é a medida do declínio de uma conta de trading em termos percentuais, indicando perdas acumuladas.
Traders e investidores monitoram o "drawdown" para avaliar o risco de uma estratégia.

Limitar o "drawdown" é crucial para a preservação do capital e a gestão de riscos eficaz.

14.12 Margin Call

Imaginemos que você pegou um livro emprestado de um amigo e ele pediu de volta porque você usou uma grande parte dele.

Isso seria semelhante a um "margin call", onde a corretora pede de volta parte do dinheiro emprestado.

Um "margin call" ocorre quando o valor da conta de um trader cai abaixo do nível de margem exigido pela corretora.

Isso leva à solicitação do trader para depositar mais fundos ou fechar posições para compensar.

O "margin call" é um mecanismo crucial para evitar que uma conta entre em saldo negativo.

Conhecer os níveis de margem é essencial para a gestão eficaz do risco.

14.13 VPS (Servidor Virtual Privado)

Se você trabalha em casa e precisa acessar os mesmos arquivos e softwares do escritório, um VPS seria como um ambiente de trabalho virtual que permite esse acesso remoto.

Um VPS é um serviço que oferece servidores virtuais aos traders, permitindo a execução de algoritmos de negociação 24 horas por dia, mesmo quando o computador do trader está desligado.

Para o trading algorítmico, o uso de VPS garante estabilidade e conectividade contínua à plataforma de negociação, sendo crucial para estratégias automatizadas.

14.14 Liquidez

Imagine que você tem uma coleção de selos raros e quer vendê-los rapidamente.

Quanto mais colecionadores estiverem interessados, mais líquida é sua coleção.

A liquidez no mercado Forex refere-se à facilidade com que um ativo pode ser comprado ou vendido sem afetar significativamente seu preço.

Pares de moedas mais negociados geralmente têm alta liquidez.

A liquidez é crucial para os traders, especialmente aqueles que realizam operações de curto prazo.

Pares líquidos geralmente têm spreads menores e são menos propensos a slippage.

14.15 Margem Livre

Imagine que você está indo a um leilão e precisa garantir dinheiro extra além do lance inicial.

A margem livre seria esse valor adicional disponível para potenciais lances.

A margem livre é a quantia de dinheiro na conta de um trader que não está sendo usada em negociações.

Ela é essencial para manter posições abertas sem atingir o nível de "margin call".

Manter uma margem livre adequada é crucial para evitar "margin calls" e continuar operando com eficácia no mercado Forex.

14.16 Correlação

Se você perceber que, quando o sol está forte, as sorveterias ficam cheias e as vendas de casacos diminuem, isso mostra uma correlação negativa entre a temperatura e as vendas de casacos.

A correlação no Forex refere-se à relação entre dois pares de moedas.

Pode ser positiva, negativa ou neutra, influenciando como os pares se movem em relação uns aos outros.

Os traders usam a correlação para entender como diferentes pares de moedas podem se comportar, ajudando na diversificação de portfólio e gerenciamento de risco.

14.17 Pipette

Imagine que você está medindo a distância entre dois pontos em um mapa e deseja obter uma medição mais precisa que a unidade padrão.

Um pipette seria como uma subdivisão menor dessa unidade de medida.

No Forex, um pipette é a quinta casa decimal em um preço de câmbio.

Ele representa uma variação ainda menor do que o pip padrão e é utilizado para medições mais precisas nos movimentos das moedas.

Entender o conceito de pipettes é vital para os traders que buscam uma análise mais detalhada dos preços de mercado, permitindo estratégias mais precisas.

14.18 Commodity

Se você pensar em grãos de café como mercadorias, comprar diretamente do produtor ou de um mercado representaria uma transação envolvendo commodities.

Uma commodity no Forex refere-se a bens físicos, como ouro, petróleo, ou outros produtos comercializáveis.

Esses ativos são frequentemente utilizados como indicadores econômicos.

As commodities são sensíveis a eventos econômicos e políticos, e os traders acompanham seu desempenho para tomar decisões informadas.

14.19 Pip Value

Imagine que você está comprando maçãs a granel e deseja calcular o valor de cada maçã em relação ao custo total.

O pip value seria o valor individual atribuído a cada unidade na negociação Forex.

Pip value representa o valor monetário de um pip em uma negociação.

É vital para calcular ganhos e perdas potenciais em cada transação.

Compreender o "pip value" é fundamental para a gestão de riscos e para determinar o tamanho adequado da posição em uma negociação.

14.20 Spread

Ao vender sua bicicleta, você define um preço de venda e um preço de compra.

A diferença entre esses dois valores seria semelhante ao spread no Forex.

O spread é a diferença entre os preços de compra (bid) e venda (ask) de um par de moedas.

Ele representa a taxa cobrada pela corretora para facilitar a negociação.

O spread é uma métrica importante para os traders, pois afeta diretamente os custos de negociação.

Spreads menores podem ser vantajosos para certas estratégias.

14.21 CFDs (Contratos por Diferença)

Imagine que você está interessado em negociar o desempenho de uma grande empresa, como a Apple, mas não quer comprar ações diretamente. Em vez disso, você pode optar por um Contrato por Diferença (CFD) que representa o valor da Apple no mercado financeiro.

CFDs são instrumentos financeiros derivativos que permitem aos traders especular sobre a variação de preços de ativos sem possuir fisicamente esses ativos.

Os símbolos associados aos CFDs são únicos para cada ativo subjacente e são utilizados nas plataformas de negociação.

Os símbolos de CFDs geralmente seguem uma estrutura específica, incorporando informações sobre o ativo subjacente e o tipo de contrato.

Por exemplo, o símbolo de CFD para o ouro pode ser 'GOLD_CFD', indicando o ativo (ouro) e o tipo de contrato (CFD).

É fundamental compreender a nomenclatura dos CFDs ao explorar as oportunidades de negociação no mercado Forex.

. CAPÍTULO FINAL .

- - - - X

Neste capítulo final, faremos uma breve recapitulação dos principais pontos abordados além de algumas reflexões finais para consolidar seu conhecimento e orientar seus próximos passos no mundo do Forex.

Visão Geral do Mercado Forex: Exploramos desde os conceitos básicos até os aspectos mais avançados do mercado de câmbio, incluindo definições, funcionamento, tipos de contas, negociações e ordens, bem como sua história e execução de ordens.

Participantes do Mercado: Identificamos os diversos participantes do mercado Forex, desde bancos centrais e instituições financeiras até traders profissionais e fundos soberanos, compreendendo seus papéis e influências no mercado.

Pares de Moedas: Discutimos os diferentes tipos de pares de moedas e seus componentes, como moeda base e moeda de cotação, bem como os conceitos de spread, pip e bid/ask.

Corretoras Forex: Exploramos o papel das corretoras Forex, seus diferentes tipos e como escolher a corretora certa, considerando também as principais regulamentações internacionais.

Tipos de Contas Forex: Investigamos os diversos tipos de contas de negociação oferecidas pelas corretoras, incluindo contas reais, islâmicas, swap-free, PAMM, MAM e copy trading.

Principais Plataformas de Negociação: Apresentamos as principais plataformas de negociação utilizadas pelos traders, destacando suas características e funcionalidades.

Análise e Estratégias de Negociação: Exploramos os diferentes tipos de análise, incluindo análise técnica, fundamentalista e quantitativa, bem como as estratégias de investimento mais populares.

Algotrading e Gerenciamento de Risco: Abordamos o conceito de algotrading, suas vantagens e desvantagens, juntamente com técnicas avançadas de gerenciamento de risco, como alavancagem, margem, stop-out e hedge.

Horários de Negociação e Eventos Econômicos: Consideramos os horários de negociação no Forex, as regras associadas e a influência dos principais eventos econômicos no mercado.

Riscos e Vantagens do Mercado Forex: Discutimos os principais riscos envolvidos na negociação Forex, juntamente com as vantagens e benefícios potenciais para os traders.

Glossário de Termos Técnicos: Fornecemos um glossário abrangente com os principais termos técnicos do mercado Forex, facilitando a compreensão da terminologia utilizada.

. REFLEXÕES FINAIS .
- - - - X

Parabéns! \o/

Chegamos ao final deste livro abrangente sobre o mercado Forex.

Ao longo deste livro, você teve a oportunidade de mergulhar fundo no fascinante mundo do mercado Forex e exploramos desde conceitos básicos até tópicos avançados, tendo uma visão completa em todos os níveis.

Agora, é importante refletir sobre o que aprendeu e considerar como aplicar esse conhecimento em sua jornada como trader.

Lembre-se de que o Forex é um mercado dinâmico e desafiador, mas também repleto de oportunidades para aqueles que estão dispostos a aprender e se adaptar.

Como próximo passo, sugerimos que você continue a se educar e aprimorar suas habilidades de negociação, praticando em uma conta demo e desenvolvendo sua própria estratégia.

Mantenha-se atualizado com as notícias e eventos econômicos que podem impactar o mercado e esteja sempre atento aos riscos envolvidos na negociação.

Além disso, lembre-se da importância de gerenciar seu risco de forma adequada e de manter uma mentalidade disciplinada e paciente ao enfrentar os altos e baixos do mercado.

Com perseverança e dedicação, você estará no caminho certo para alcançar seus objetivos como trader Forex.

. AGRADECIMENTOS .
- - - - X

Espero que você tenha desfrutado e que este livro tenha sido uma fonte valiosa de conhecimentos práticos e seja inspiração para você navegar no complexo mundo do Forex.

Agradeço-te por embarcar nesta jornada junto comigo.

Desejo a você todo o sucesso em sua jornada no mercado Forex, espero que você faça boas negociações e que seus investimentos sejam sempre lucrativos.

Será um enorme prazer ouvir teu feedback sobre este livro em minhas redes sociais.

Conte comigo!

Walter Wolseley
@WALTER_ROBOS

www.ingramcontent.com/pod-product-compliance
Lightning Source LLC
Chambersburg PA
CBHW070921290526
45795CB00001B/377